8
LN27
42250

ALLOCUTION

PRONONCÉE

En l'Eglise collégiale Saint-Laurent, de Salon

PAR

M. L'ABBÉ MARBOT

Chapelain de Notre-Dame de la Seds à Aix

AU MARIAGE

DE

Monsieur Gaston CHARLIN

AVEC

Mademoiselle Adèle GOUNELLE

Le 22 Novembre 1893

AIX

A. MAKAIRE, IMPRIMEUR DE L'ARCHEVÊCHÉ
2, rue Thiers, 2

—

1894

I.n° 27
42250

ALLOCUTION

DU

22 NOVEMBRE 1893

ALLOCUTION

PRONONCÉE

En l'Eglise collégiale Saint-Laurent, de Salon

PAR

M. L'ABBÉ MARBOT

Chapelain de Notre-Dame de la Seds à Aix

AU MARIAGE

DE

Monsieur Gaston CHARLIN

AVEC

Mademoiselle Adèle GOUNELLE

Le 22 Novembre 1893

AIX

A. MAKAIRE, IMPRIMEUR DE L'ARCHEVÊCHÉ

2, rue Thiers, 2

1894

> Solliciti servare unitatem spiritus in vinculo pacis. — Soyez attentifs à garder le même esprit dans une union pacifique.
>
> (Ephes. iv, 3.)

Mademoiselle, Monsieur,

Le grand Apôtre, en donnant ce conseil aux fidèles d'Ephèse, dictait au monde un axiome éminemment conservateur. De quelle paix jouirait la société, si tous les esprits s'inclinaient devant les mêmes principes ! Et comme l'*union dans la foi* assurerait la cohésion pacifique des forces sociales !

Que, par rapport à la vie nationale d'un peuple, ce vœu paraisse indiscret, trop idéal, peut-être même un peu utopiste, soit. Mais lorsqu'il s'agit de la famille, de l'existence unifiée des époux, il devient une loi féconde, en même temps qu'il demeure une vérité irréductible. — Quel est, en effet, le ver rongeur de la vie conjugale à l'heure actuelle ? Disons-le hautement, c'est l'absence du *lien religieux* sérieusement compris et loyalement accepté.

Tout le monde sait que la question du mariage est devenue le lieu commun presque exclusif de la littérature à bon marché et du théâtre contemporain. Pourquoi tant exploiter une semblable veine ? Ce n'est certes pas pour faire valoir des vertus incomprises : Qui oserait le prétendre ? C'est tout simplement parce que au vieux thème classique de la façon mielleuse dont commencent les ménages, s'ajoutent aujourd'hui les chapitres les plus variés sur la façon dont ils s'achèvent.

Or, si un observateur consciencieux voulait de ces élucubrations, habituellement très réalistes, tirer une conclusion logique, il dirait : Le tort de ces vies désorientées, c'est d'avoir manqué de boussole ; leur mal, c'est l'absence d'un lien supérieur aux intérêts et aux passions, l'absence de l'union dans la foi, que S. Paul appelait : *unitatem spiritus in vinculo pacis.*

Voyez plutôt. — Vous allez, Mademoiselle et Monsieur, prononcer ici un véritable serment et signer un vrai contrat de donation mutuelle. Il faut croire que tous ceux qui, comme vous, accomplissent un acte aussi solennel, sont sincères dans leurs promesses. Mais tous ont-ils, comme vous, le moyen d'y tenir ? Hélas ! pas toujours.

On oublie trop que le nœud matrimonial n'attache pas uniquement deux volontés capricieuses et changeantes. Ce sont deux vies, deux âmes qu'il faut unir. Et comment les unir sans un lien absolument intime et spirituel, le lien religieux, l'union dans la foi : *unitatem spiritus in vinculo pacis.*

Aussi bien, là où n'existe pas cette communauté de croyances et de sentiments, quels nuages s'amoncellent peu après les joies ensoleillées de la première heure ! Entre ces deux êtres, que l'on appelle des « conjoints », il y a une distance sans mesure : pour l'un, la vie est une jouissance, pour l'autre, elle est un devoir austère. D'une semblable divergence quelles conséquences ne peut-on pas prévoir ? Ne nous y trompons pas, l'opposition des aspirations de l'âme n'est que trop souvent l'occasion, peut-être même la cause des oublis de dignité. L'homme devient moins assidu à son foyer quand il n'y trouve point les charmes d'un dévouement, dont la persévérante délicatesse dépasse les forces d'un amour uniquement humain. — Quant à l'épouse, si les déceptions viennent un jour l'étreindre, pour peu que sa piété défaille, elle cherche à s'étourdir dans le terre-à-terre des frivolités ; puis l'atmosphère de sa maison l'étouffe ; à elle aussi il faut le grand air. Et une malheureuse expérience ne prouve que trop combien la vie extérieure devient rapidement une vie de plaisirs multipliés, vertigineux, où le jugement se fausse, où le cœur se blasé et où l'énergie disparaît pour faire place à la névrose.

Ce tableau n'est pas chargé. — En voici l'heureux contraste.

Lorsque la foi divine, la pratique des vertus chrétiennes, la confiance en la Providence, les éternelles espérances forment, avec la conscience du devoir, le patrimoine commun sur lequel reposent les promesses nuptiales, on peut sans se troubler interroger l'horizon. Il n'offrira point au regard le mirage trompeur d'une vie exempte de soucis ou d'épreuves : c'est vrai ; mais il s'illuminera des clartés sereines de la grâce qui dissipe les malentendus, aide au support mutuel et garantit la fidélité dans le dévouement. — D'accord sur les mêmes principes supérieurs, envisageant la vie familiale avec ses obligations et ses responsabilités, toujours inséparables même de ses joies les plus légitimes, les deux époux se comprennent et se sentent animés d'un même souffle. Ils s'instruiront l'un l'autre sans dogmatiser ; ils s'édifieront sans affectation ; sans même s'en douter peut-être, ils se perfectionneront en s'élevant à Dieu : parce que dans leurs cœurs demeurera toujours la vraie note d'un amour sérieux, allant jusqu'au sacrifice, mais ne se départant jamais de sa dignité. C'est là vraiment que règnent la foi et la paix : *unitatem spiritus in vinculo pacis.*

J'ai dit, en ces derniers traits, Mademoiselle et Monsieur, ce que sera bien certainement votre union cimentée par la bénédiction de l'Eglise.

Depuis longtemps éclairés par le rayon divin que le baptême fit pénétrer en vos âmes, vous savez si vos regards doivent se porter en haut, tandis que, la main dans la main, vous suivrez la voie désormais ouverte devant vous.

Les deux foyers aimés, où vous avez grandi, vous ont appris deux choses : comment il faut être fidèle à Dieu, et comment l'on reste fidèle à soi-même. Vous n'oublierez ni les convictions viriles de vos pères, ni les douces leçons de vos mères. La mémoire du cœur suffira pour vous rappeler que tout doit être sacrifié au devoir ; et que le premier devoir c'est de s'agenouiller devant Dieu pour l'adorer, le servir et accepter sa volonté souveraine.

Que le Seigneur vous bénisse donc, aujourd'hui, comme vous le méritez l'un et l'autre, après avoir préparé chrétiennement ces noces qui veulent être avant tout foncièrement chrétiennes. Que Dieu soit envers vous prodigue de ses bienfaits et de ses consolations. Qu'estimée et aimée, paisible et féconde, votre vie se prolonge sur la terre, selon le vœu que va émettre tout à l'heure le rit sacré du mariage. Et que les trésors spirituels de la foi vous assurent l'union la plus heureuse : *unitatem spiritus in vinculo pacis.*

Amen.

www.ingramcontent.com/pod-product-compliance
Lightning Source LLC
Chambersburg PA
CBHW060918050426

42453CB00010B/1805